Y0-BQT-679

LATINOS FAMOSOS

George Lopez
Comediante y estrella de TV

Lila y Rick Guzmán

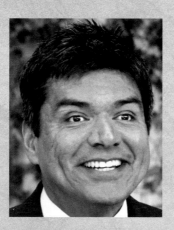

Enslow Elementary

an imprint of

Enslow Publishers, Inc.

40 Industrial Road
Box 398
Berkeley Heights, NJ 07922
USA

http://www.enslow.com

Series Adviser
Bárbara C. Cruz, Ed.D., Series Consultant
Professor, Social Science Education
University of South Florida

Series Literacy Consultant
Allan A. De Fina, Ph.D.
Past President of the New Jersey Reading Association
Professor, Department of Literacy Education
New Jersey City University

This series was designed by Irasema Rivera, an award-winning Latina graphic designer.

Enslow Elementary, an imprint of Enslow Publishers, Inc.
Enslow Elementary® is a registered trademark of Enslow Publishers, Inc.

Spanish edition copyright 2008 by Enslow Publishers, Inc.

Originally published in English under the title *George Lopez: Comedian and TV Star* © 2006 by Enslow Publishers, Inc.

Spanish edition translated by Lila and Rick Guzmán; edited by Strictly Spanish, LLC.

Library of Congress Cataloging-in-Publication Data

Guzmán, Lila, 1952-
  [George Lopez. Spanish]
  George Lopez : comediante y estrella de TV / Lila y Rick Guzmán.
      p. cm. — (Latinos famosos)
  Summary: "Recounts the life of Mexican-American comedian and TV star George Lopez"— Provided by publisher.
  Includes bibliographical references and index.
  ISBN-13: 978-0-7660-2680-3
  ISBN-10: 0-7660-2680-9
  1. Lopez, George, 1961—Juvenile literature. 2. Comedians—United States—Biography—Juvenile literature. 3. Television actors and actresses—United States—Biography—Juvenile literature. 4. Hispanic American comedians—United States—Biography—Juvenile literature. 5. Hispanic American television actors and actresses—United States—Biography—Juvenile literature. I. Guzmán, Rick. II. Title.
  PN2287.L633G8918 2007
  792.702'8092—dc22
  [B]   2007009311

Printed in the United States of America

10 9 8 7 6 5 4 3 2 1

✳ Contenido ✳

1971

1978

George Lopez

1

Una brizna de hierba

El 21 de febrero de 2004, George Lopez salió a escena a presentar su acto de comedia, llamado *Why You Crying?*. La gente estaba emocionada de verlo. Saltaron a sus pies y comenzaron a aplaudir locamente. Cuando terminó el aplauso, George contó chistes e historias durante dos horas. En el teatro la gente se reía a carcajadas.

George quiso ser comediante desde que tenía once años de edad. Siempre le encantaba hacer reír a la gente. George trabajó duro durante muchos años y su sueño se hizo realidad.

George Lopez nació el 23 de abril de 1961 en Los Ángeles, California. Cuando tenía dos meses de edad, su padre abandonó a la familia. George nunca más lo vio. La familia de George era mexicana-estadounidense. Él creció hablando "Spanglish", una mezcla de español e inglés.

George era hijo único. Todos sus amigos tenían hermanos y hermanas. Él se sentía triste y solo. Un día, George estaba jugando en el cajón de arena de la escuela cuando se le unió un niño llamado Ernie Arellano. George y Ernie se hicieron mejores amigos. Todo lo hacían juntos mientras crecían.

Ellos paseaban en bicicleta, jugaban, veían la televisión. Ernie era para él como un hermano.

La madre de George y sus abuelos, Benita y Refugio Gutiérrez, eran muy pobres. No había dinero

A George le gustaba jugar al béisbol en la liga de menores.

para fiestas de cumpleaños y regalos. Su familia no podía comprar juguetes o equipo para deportes. Así que George tuvo que crear su propia diversión. Él y Ernie aprendieron a jugar golf pegándole a los limones que caían del árbol detrás de su casa.

Algo bueno en la vida de George era cuando iba a ver juegos de béisbol con su abuelo. Bebían ponche y comían burritos hechos en casa mientras veían el juego. A George le encantaba el béisbol.

George disfrutaba ir con su abuelo a Dodger Stadium.

Una foto de la familia. De izquierda a derecha: George con su abuela y su abuelo, y el padre de su abuelo.

De niño, George pasó por muchos malos momentos. Su madre no le daba mucha importancia. Cuando tenía diez años, su madre se casó y se fue para siempre. Ella dejó a George con su madre y su padrastro. George creció con sus abuelos en Mission Hills, California. Su abuela era grosera y enojadiza. A menudo lo regañaba. "¿Por qué lloras?", le preguntaba.

Un día, George vio una brizna de hierba que crecía en una grieta en la acera de concreto. Le pareció algo asombroso. Había concreto por todas partes y aún así la hierba lograba crecer. La niñez infeliz de George era tan dura como la acera de concreto. Sin embargo, George logró crecer. Él decía que se parecía a esa brizna de hierba.

2

Convirtiéndose en comediante

El 13 de septiembre de 1974, George estaba viendo un nuevo show de televisión llamado *Chico and the Man*. Una de las estrellas era Freddie Prinze. La madre de Freddie era puertorriqueña, así que él era latino, como George.

Freddie Prinze era muy gracioso. George no dejaba de reírse. Ver este programa cambió la vida de George. Él colgó una foto de Freddie en la pared de su alcoba. George se dijo a sí mismo: "Yo puedo ser un comediante. Puedo hacer lo que hace Freddie. Quiero hacer reír a la gente".

El 4 de junio de 1979, George hizo su primera

presentación en público. Tenía dieciocho años. Fue una noche que nunca olvidaría. Él estaba de pie ante el público en un club de comedia y contó chistes. Nadie rió. George se sintió muy mal, pero no se rindió. Por lo contrario, él y su amigo Ernie trabajaron varios meses escribiendo un nuevo acto cómico. Trataron de que los chistes fueran más divertidos.

¡En la televisión Freddie Prinze era muy divertido!

George no era un buen estudiante en la secundaria. Siempre estaba bromeando y causando problemas. Él no pasó la clase de inglés y tuvo que tomarla de nuevo durante el verano. Por fin, el 6 de agosto de 1979 recibió su diploma de la escuela secundaria. Era la primera persona de su familia en graduarse de la secundaria.

Durante los años siguientes George tuvo diferentes trabajos. No le gustó ninguno. En 1987, cuando tenía veintiséis años, decidió dedicarse a la comedia. George viajaba de club en club presentando su acto cómico. A veces la gente se reía con sus chistes y otras veces no.

George se presentó dieciséis veces en *The Arsenio Hall Show*, un popular programa de televisión. También se presentó en muchos clubes. Pero los clubes estaban medio vacíos. Él se sentía mal. ¿Debería rendirse?

George, a la izquierda, con su mejor amigo, Ernie, en la década de los 80.

George comenzó contando chistes en clubes de comedia.

En 1989, George conoció a Ann Serrano, una cubana-estadounidense que era actriz y directora de reparto, es decir, la persona que escoge a los actores para las películas o la televisión. Ella vio su acto y creyó que algún día llegaría a ser una estrella. Le dijo que siguiera intentándolo.

George y Ann se enamoraron. Se casaron el 18 de septiembre de 1993. Tres años más tarde nació su hija, Mayan.

Durante la década de los 90, George se presentó en muchos clubes de comedia. Su popularidad crecía, y los clubes se llenaban de gente. Él protagonizó varios papeles menores en películas y programas de televisión. Actuó en una película llamada *Bread and Roses*. Fue presentada en un importante festival de

Ann y George el día de su boda.

La actriz Sandra Bullock, a la izquierda, cambió la vida de George.

películas en Cannes, Francia. Él rehusaba hacer papeles en los cuales se mostraba a los latinos como narcotraficantes o pandilleros.

En 2000, George trabajó por un tiempo como anfitrión de un programa radial. Era el primer latino que hablaba inglés, y no español, en un programa matutino de la radio en Los Ángeles. También seguía presentando su acto de comedia. George sabía que era un buen comediante, pero quería ser un *gran* comediante.

Entonces, una noche finalmente sucedió. Una famosa actriz llamada Sandra Bullock vino al club de comedia a ver el acto de George. George no lo sabía, pero estaba a punto de convertirse en una gran estrella.

3

La serie de televisión
The George Lopez Show

Sandra Bullock quería crear una serie de televisión donde los personajes principales fueran latinos. La última comedia latina de la televisión se llamó *Trial and Error* y duró sólo dos semanas en 1988. Ella decía que eso no estaba bien. El público debería ver a más latinos en la televisión.

Y luego Sandra vio a George presentando su acto de comedia. Las historias y los chistes de su niñez y de su familia eran realmente divertidos. Sandra pensó que la vida de George haría una magnífica serie de televisión. "¡Tenemos que hacerlo!", le dijo ella.

Hay mucho de la vida de George en su serie de televisión. El personaje principal se llama George. Él trabaja en una fábrica de piezas de aviones. Su esposa es cubana-estadounidense, al igual que la verdadera Ann Lopez. Su mejor amigo, Ernie, se basa en Ernie Arellano. La madre en *The George Lopez Show* se llama Benny. Su personaje se basa en Benita, la abuela de George.

A la ABC-TV le gustaba la idea de presentar un programa que tuviera que ver

El reparto de *The George Lopez Show* en 2002.

con una familia latina. El estreno de *The George Lopez Show* fue el 27 de marzo de 2002. Doce millones de personas lo vieron. En el programa, la familia de George se enfrenta a la misma clase de problemas que cualquier otra familia. El programa no es sólo para latinos. George se alegró mucho al saber que todos, no sólo los latinos, disfrutaban de su programa de televisión.

The George Lopez Show rápidamente llegó a ser un éxito. Era la primera comedia latina de gran éxito desde *Chico and the Man*. Por primera vez en toda su vida, George se sentía alguien de gran éxito.

A veces Sandra es "Accident Amy", una torpe trabajadora de la fábrica.

4

Ayudando a otros

La vida de George comenzó a cambiar rápidamente. Su programa de televisión ganó el premio Parents Television (Televisión de los padres). Presentó su acto de comedia ante el Presidente George W. Bush. Él obtuvo un papel importante en la película *Real Women Have Curves* (2002). Es sobre una mexicana-estadounidense que quiere ir a la universidad. George hace el papel del maestro que la ayuda a alcanzar su sueño.

George se sintió emocionadísimo cuando lo invitaron a jugar en un torneo especial de golf. El golf es su deporte favorito. Algunos de los jugadores de golf eran profesionales, lo cual significa que el juego es su trabajo. Otros, como George, eran aficionados. Ellos jugaban al golf para divertirse, como un pasatiempo. De todos los jugadores que no eran profesionales, George obtuvo el mejor puntaje.

George estaba feliz que todo iba bien en su vida. Él quería compartir su éxito. Comenzó a usar parte de su tiempo y dinero para ayudar a otros. Él ha llegado a ser bien conocido por todo lo que hace por las personas que están en necesidad. Él habla en contra de las pandillas y la violencia. Él recauda dinero para víctimas de terremotos. Él y Ann fundaron su propia entidad de caridad que da dinero para los que quieren estudiar las artes. George ha ganado muchos premios como actor y comediante. Él ha sido honrado por ser una persona generosa y cariñosa.

A George le encanta jugar al golf.

En marzo de 2004 sucedió algo especial en la vida de George. La cadena de televisión por cable, TV Land, decidió honrar a Freddie Prinze, quien había muerto años atrás. Él aún era la estrella favorita de George, y a George se le pidió presentar el premio. El hijo de Freddie, también llamado Freddie Prinze, le agradeció a George el premio.

El libro sobre la vida de George, *Why You Crying?* se publicó en 2004. Muchos lectores querían aprender más sobre George, y el libro fue un gran éxito. Su CD *Team Leader* fue uno de los mejores álbumes de comedia de 2004. Fue nominado para el premio

George entró al escenario montando a caballo durante los premios Grammy latinos de 2004.

Grammy de mejor álbum de comedia.

George protagonizó una película en 2005, *The Adventures of Sharkboy and Lavagirl in 3-D*. George interpretó varios personajes diferentes en esta historia de un niño y sus dos amigos imaginarios con superpoderes.

George estaba muy ocupado y tenía mucho éxito como actor y

George tiene en sus manos el libro sobre su vida: *Why You Crying?*

comediante. Fue entonces cuando recibió las malas noticias. Tenía un problema en sus riñones. Si no recibía un riñón saludable, iba a morir. La esposa de George, Ann, dijo que ella quería darle uno de sus riñones. El 19 de abril de 2005, George y Ann fueron al hospital. Los médicos los operaron a ambos. Ann dijo que darle un riñón a George fue una decisión fácil porque ella lo amaba y quería que fuera saludable.

La operación fue una sorpresa para muchos. No sabían que George había estado enfermo durante años. Tres semanas después, George estaba lo suficientemente bien como para jugar al golf. Él y Ann estaban muy felices. Ellos llegaron a ser los portavoces para la National Kidney Foundation. George y Ann hablan en público para enseñar a más personas sobre las enfermedades de los riñones.

George, Ann y su hija, Mayan, fueron a ver *The Adventures of Sharkboy and Lavagirl in 3-D.*

Fue un día feliz para George y Freddie Prinze, Jr., cuando el padre de Freddie recibió una estrella en el Paseo de la Fama de Hollywood.

5

George y su héroe

Cuando George era un adolescente, él colgó una foto de su héroe, Freddie Prinze, en la pared de su alcoba. Hoy, esa foto cuelga en la oficina de George en el estudio de televisión. "La primera vez que lo vi", dijo George, "yo quería ser como él. Era tan joven, popular, latino, y a todos le encantaba".

Es un gran honor tener una estrella en el Paseo de la Fama de Hollywood. George creía que Freddie debería recibir ese honor. George compartió su idea con otros, y trabajó arduamente para que así sucediera. En diciembre de 2005 Freddie recibió una estrella.

George en el escenario de su programa.

Cuando de adolescente George veía *Chico and the Man*, nunca imaginó que un día llegaría a ser buen amigo del hijo de Freddie. Freddie Prinze había inspirado a George a ser comediante. Años después, en 2006, George ayudó a Freddie Prinze, Jr., con su nuevo programa de televisión, *Freddie*. George estaba encantado de poder darle consejos y sugerencias a Freddie, Jr. A veces George apareció como invitado en *Freddie*.

The George Lopez Show llegó a los cien episodios en 2006. George recibió un gran honor. Le dieron una estrella en el Paseo de la Fama de Hollywood.

De niño George quería ser alguien importante. Hoy día George es un famoso comediante y actor que comparte su tiempo y dinero para ayudar a otros. Él dice: "Sueña sueños grandes". Él cree que cada día hay sueños que se hacen realidad. "¡Soy prueba viviente de ello!", dice él.

En 2006, George también obtuvo su
propia estrella de Hollywood.

George espera que su éxito sea una chispa para que también otros sigan sus propios sueños.

⚜ Línea del tiempo ⚜

1961 El 23 de abril nace George Lopez en Los Ángeles.

1971 Su madre se va y deja a George con sus abuelos.

1974 George ve a Freddie Prinze en la televisión y decide ser comediante.

1979 Se gradúa de San Fernando Valley High School.

1979 El 4 de junio se presenta por primera vez como comediante.

1993 El 18 de septiembre se casa con Ann Serrano.

1996 Nace su hija Mayan.

2002 El 27 de marzo se estrena *The George Lopez Show* en ABC-TV.

2005 Ann le da un riñón a George. Se convierten en portavoces de la National Kidney Foundation.

2006 George recibe una estrella en el Paseo de la Fama de Hollywood.

☀Palabras a conocer☀

burrito—Una comida mexicana popular. Un pan redondo y llano llamado tortilla, relleno de cosas como frijoles y queso.

caridad—Un fondo de dinero que se usa para ayudar a los necesitados.

comediante—Alguien que cuenta chistes para hacer reír a la gente.

club de comedia—Un lugar donde se presentan los comediantes.

diploma—Un papel que indica que una persona ha terminado los estudios.

fábrica—Un lugar donde se hacen cosas. Los automóviles se hacen en una fábrica de automóviles.

inspirar—Ser la razón para que una persona quiera hacer algo.

riñón—Una parte importante del cuerpo. Todos nacen con dos riñones, pero es posible vivir con sólo uno.

Spanglish—Una mezcla de español e inglés; tal como: "I need to buy some limones".

torneo—un concurso.

❊Más para aprender❊

Libros

In English / En inglés

Becker, Helaine. *Funny Business: Clowning Around, Practical Jokes, Cool Comedy, Cartooning, and More.* Toronto, Canada: Maple Tree Press, 2005.

In Spanish / En español

Sastrías, Martha. *Lecto-juego-acertijos: Para motivar a los niños a leer el mundo natural.* México: Editorial Pax México, 2005.

Artículos

In English / En inglés

"George Lopez." Newsmakers, Issue 4. Gale Group, 2003. Reproduced in *Biography Resource Center*. Farmington Hills, Mich.: The Gale Group. 2004.

Direcciones de Internet

In English / En inglés

George Lopez Biography
<http://www.biography.com/search/article.do?id=189160>

George Lopez TV Show
<http://abc.go.com/primetime/georgelopez/en/index.html>

☀ Índice ☀